Impressum
Verlag: BABADADA GmbH, Nedderfeld 112 , 22529 Hamburg
Geschäftsführer / Verlagsleitung: Harald Hof
Druck: Books on Demand GmbH, In de Tarpen 42, 22848 Norderstedt

Imprint
Publisher: BABADADA GmbH, Nedderfeld 112 , 22529 Hamburg, Germany
Managing Director / Publishing direction: Harald Hof
Print: Books on Demand GmbH, In de Tarpen 42, 22848 Norderstedt, Germany

sekoly
школа

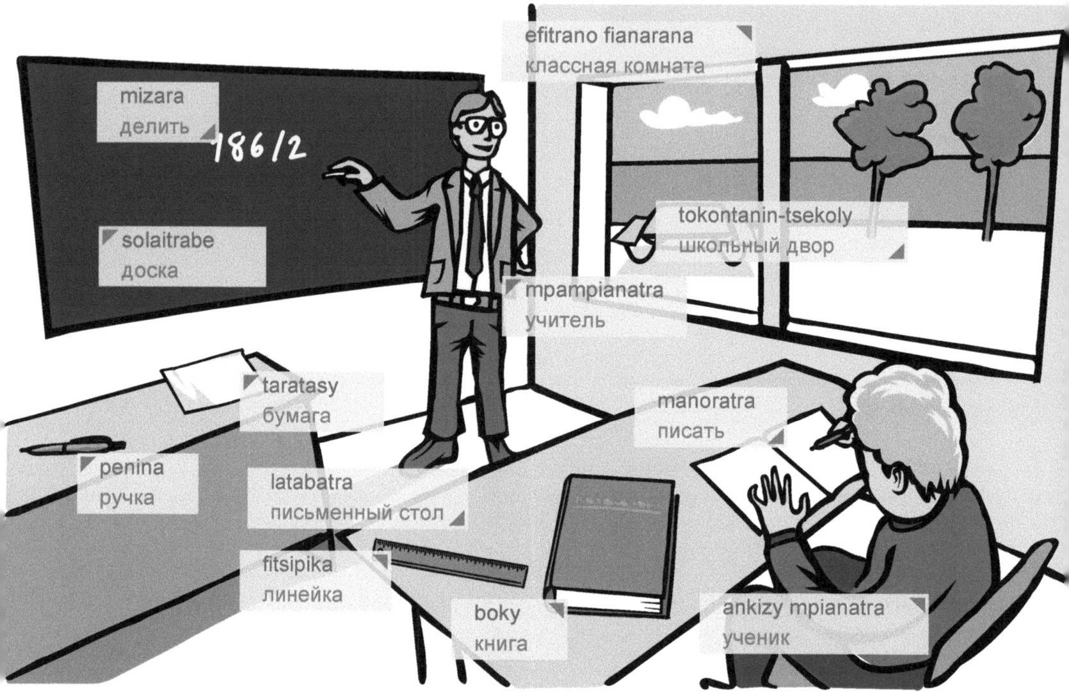
efitrano fianarana
классная комната
mizara
делить
186/2
solaitrabe
доска
tokontanin-tsekoly
школьный двор
mpampianatra
учитель
taratasy
бумага
manoratra
писать
penina
ручка
latabatra
письменный стол
fitsipika
линейка
boky
книга
ankizy mpianatra
ученик

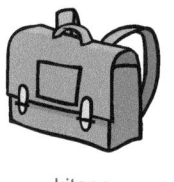

kitapo

ранец

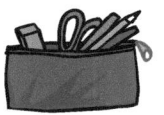

torosy

пенал

pensilihazo

карандаш

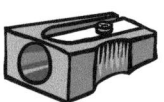

fandrangitana pensilihazo

точилка

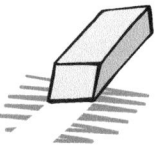

gaoma

ластик

karne fanaovana sary

альбом для рисования

sary

рисунок

borosy fandokoana

кисточка

boaty loko

коробка красок

hety

ножницы

lakaoly

клей

kahie fampiasàna

тетрадь

enti-mody

домашняя работа

tarehi-marika

цифра

manampy

прибавлять

manala

вычитать

mampitombo

умножать

mikajy

считать

taratasy

буква

abidia

алфавит

teny

слово

lahatsoratra

текст

mamaky

читать

tsaoka

мел

lesona

урок

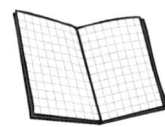

boky fianarana

классный журнал

fanadinana

экзамен

sertifikà

диплом

fanamian'ny mpianatra

школьная форма

fiofanana

образование

raki-pahalalana

энциклопедия

oniversite

университет

mikraoskaopy

микроскоп

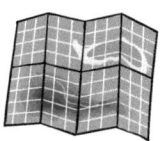

sarintany

карта

fanariana fako taratasy

корзина для бумаг

fitsangatsanganana

путешествие

hôtely
гостиница
Grand
tranom-bahiny
турбаза
ROOMS
ECHANGE
toerana fanakalozana vola
пункт обмена валюты
valizy
чемодан
fiara
автомобиль

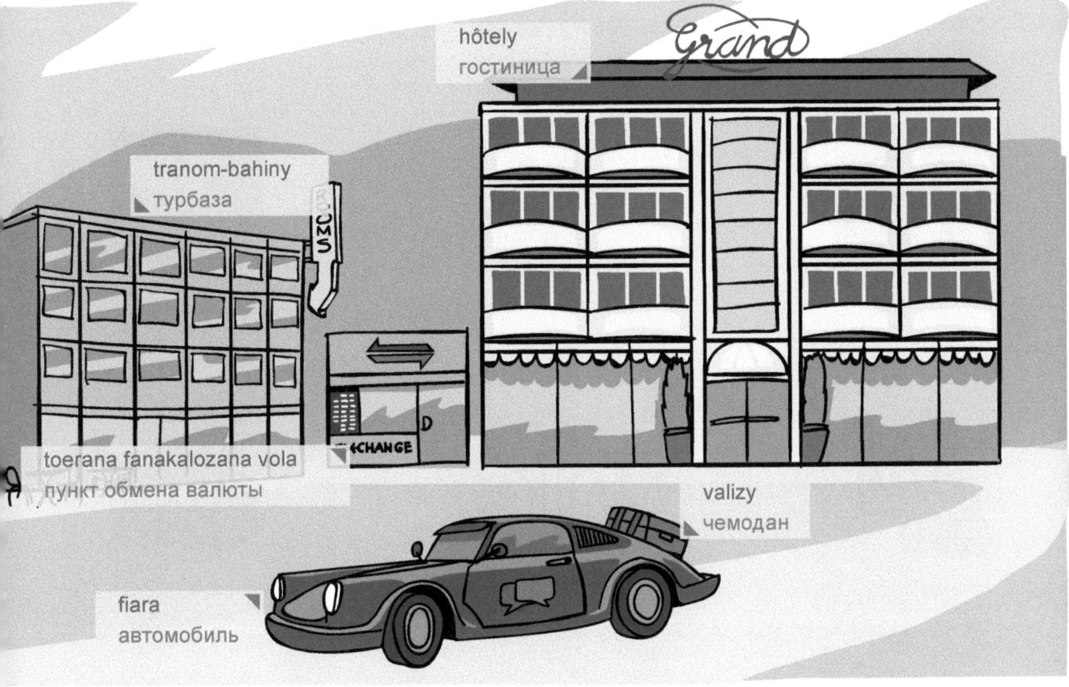

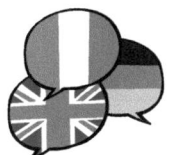

fiteny

язык

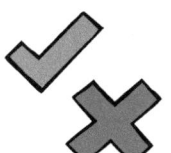

eny / tsia

да / нет

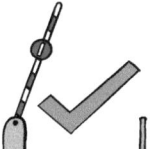

Eny àry

хорошо

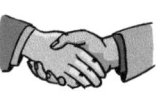

salama

Привет

mpandika teny

переводчик

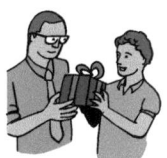

Misaotra

Спасибо

ohatrinona...?

Сколько стоит…?

Tsy azoko izany

Я не понимаю

olana

проблема

Salama ô!

Добрый вечер!

Arahaba tra-maraina e!

Доброе утро!

Tsara mandry ô!

Доброй ночи!

veloma

До свидания

fitantanana

направление

entan'ny mpandeha

багаж

harona

сумка

kitapo

рюкзак

vahiny

гость

efitrano

комната

fandriana enti-tànana

спальный мешок

tanty

палатка

birao miandraikitra ny
fizahantany
....
туристическая
информация

moron-tsiraka
....
пляж

fahana amin'ny karatra
....
кредитная карточка

sakafo maraina
....
завтрак

sakafo atoandro
....
обед

sakafo hariva
....
ужин

tapakila
....
билет

ascenseur
....
лифт

hajia
....
почтовая марка

tany manasaraka
....
граница

fadin-tseranana
....
таможня

ambasady
....
посольство

visa
....
виза

pasipaoro
....
паспорт

fitaterana
транспорт

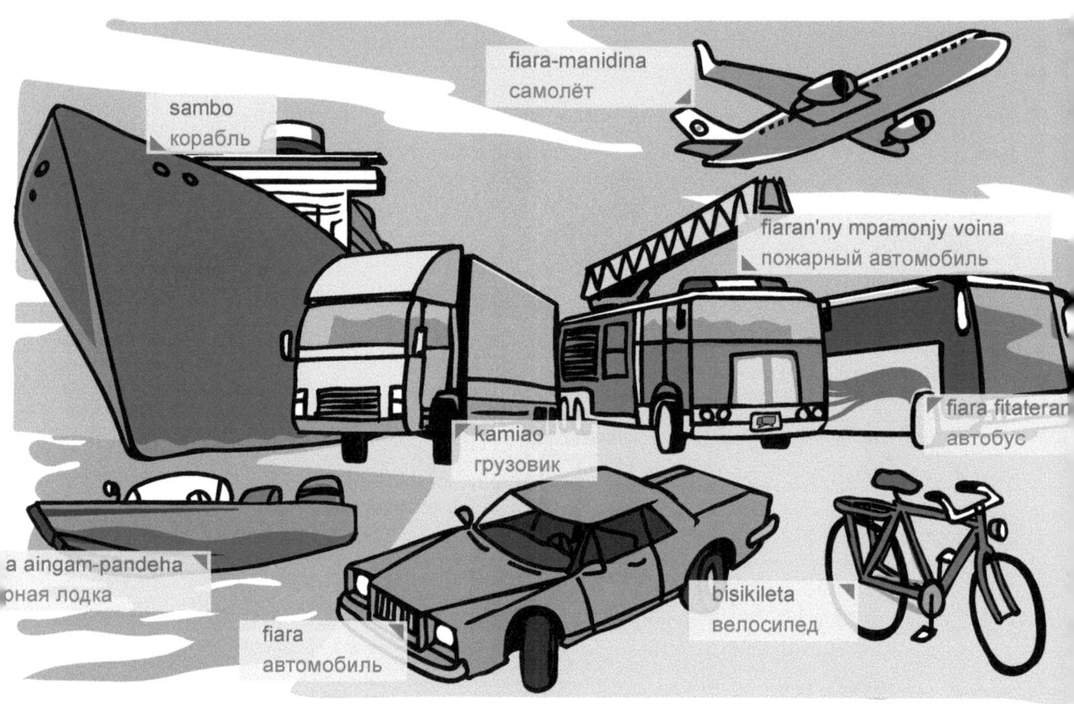

fiara-manidina
самолёт

sambo
корабль

fiaran'ny mpamonjy voina
пожарный автомобиль

kamiao
грузовик

fiara fitateran
автобус

a aingam-pandeha
рная лодка

fiara
автомобиль

bisikileta
велосипед

sambobe

паром

sambo

лодка

môtô

мотоцикл

fiaran'ny polisy

полицейский автомобиль

fiara mpihazakazaka

гоночный автомобиль

fiara fanofa

арендованный
автомобиль

zara fiara

совместное пользование
автомобилями

fiara etsy babeko

буксировочный
автомобиль

fiara mpitatitra fako

мусоровоз

môtera

двигатель

solika

топливо

tobin-tsolika

заправка

tondro fifamoivoizana

дорожный знак

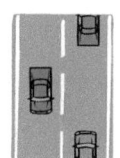

fifamoivoizana

движение

fitohanan'ny fifamoivoizana

пробка

fitobian'ny fiara

автостоянка

**fiantsonan'ny fiaran-
dalamby**

вокзал

lalamby

рельсы

fiaran-dalamby

поезд

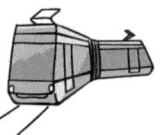

tramway

трамвай

kalesy

вагон

angidimby

вертолёт

seranam-piaramanidina

аэропорт

tilikambo

вышка

mpandeha

пассажир

kaontenera

контейнер

baoritra

коробка

chariot

тележка

harona

корзина

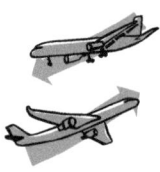

miainga / midina

взлетать / приземляться

renivohitra

город

ambanivohitra

деревня

afovoan-tanàna

центр города

trano

дом

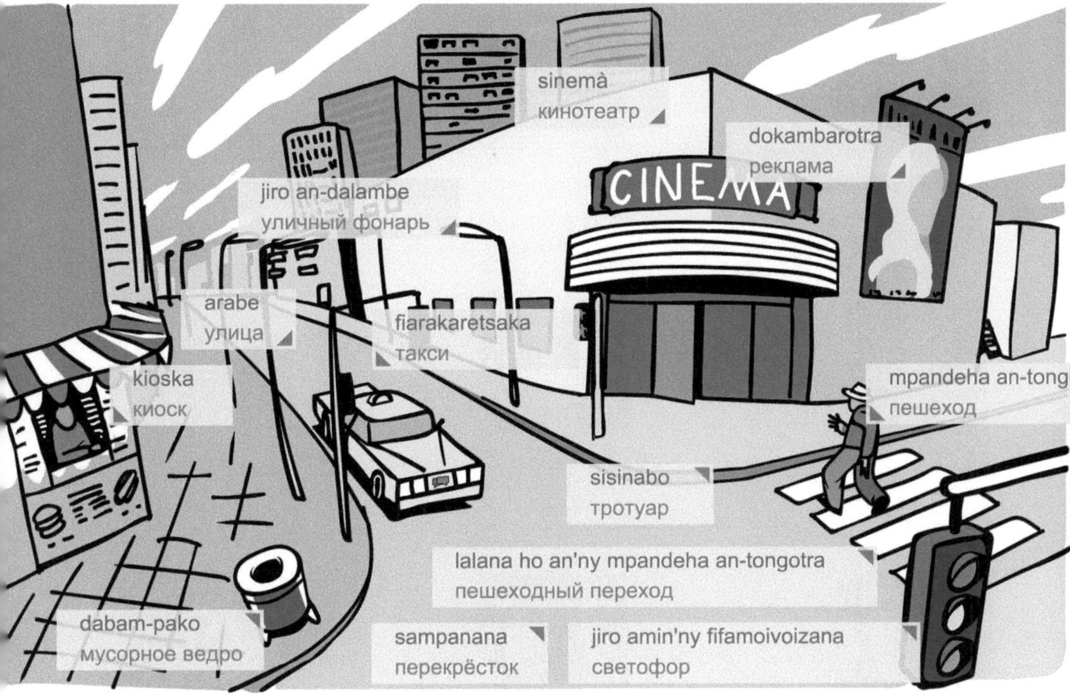

sinemà
кинотеатр
dokambarotra
реклама
CINEMA
jiro an-dalambe
уличный фонарь
arabe
улица
fiarakaretsaka
такси
kioska
киоск
mpandeha an-tong
пешеход
sisinabo
тротуар
lalana ho an'ny mpandeha an-tongotra
пешеходный переход
dabam-pako
мусорное ведро
sampanana
перекрёсток
jiro amin'ny fifamoivoizana
светофор

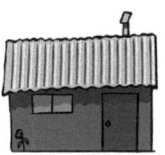

trano bongo

хижина

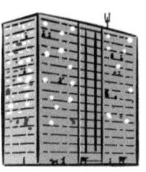

tranobe

квартира

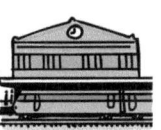

fiantsonan'ny fiaran-dalamby

вокзал

firaisana

ратуша

MUSEUM

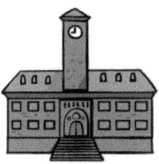

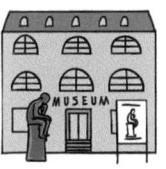

donia

музей

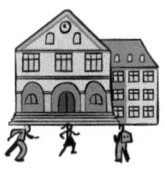

sekoly

школа

oniversite

университет

banky

банк

hopitaly

больница

hôtely

гостиница

farmasia

аптека

birao

офис

fivarotam-boky

книжный магазин

fivarotana

магазин

mpivarotra voninkazo

цветочный магазин

supermarché

супермаркет

tsena

рынок

tranobe fivarotana

универмаг

mpivarotra trondro

торговец рыбой

toeram-pivarotana lehibe

торговый центр

seranana

порт

valan-javaboary

парк

latabatra

скамейка

tetezana

мост

totohatra

лестница

metrô

метро

tonelina

тоннель

fiantsonan'ny fiara
mpitondra olona

автобусная остановка

bara

бар

toeram-pisakafoanana

ресторан

boatin-taratasy paositra

почтовый ящик

famantarana an-arabe

табличка с названием
улицы

parcmètre

паркометр

valan-javaboary

зоопарк

dobo filomanosana

бассейн

moskea

мечеть

toeram-pambolena

ферма

loto

загрязнение окружающей среды

fasana

кладбище

trano fiangonana

церковь

tokontany filalaovana

детская площадка

tempoly

храм

endritany

ландшафт

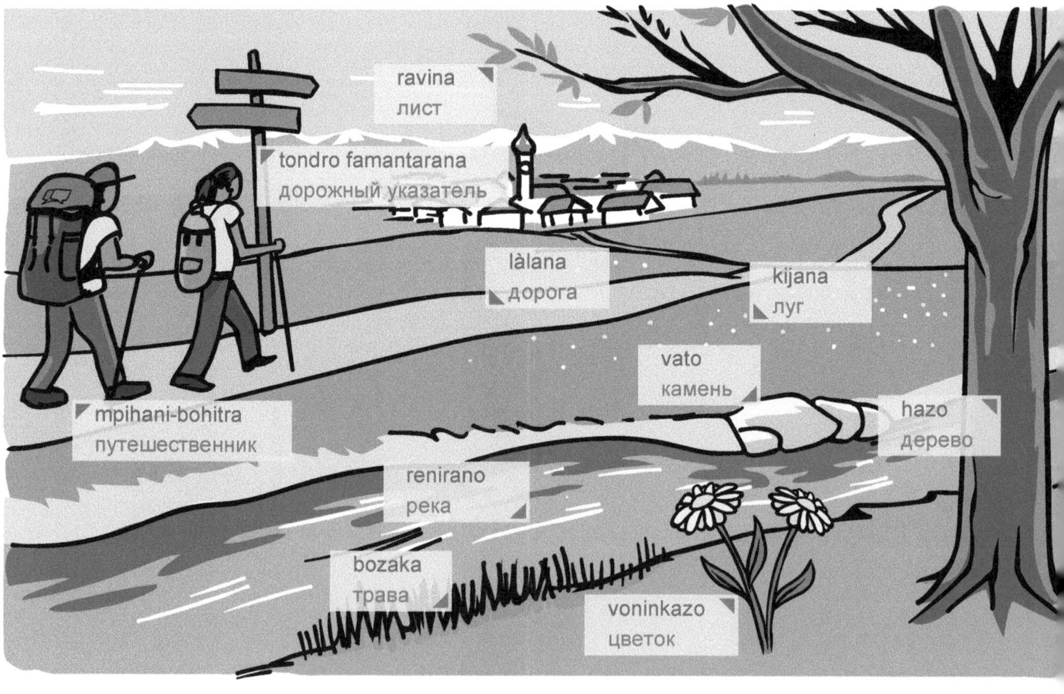

ravina
лист

tondro famantarana
дорожный указатель

làlana
дорога

kijana
луг

vato
камень

mpihani-bohitra
путешественник

hazo
дерево

renirano
река

bozaka
трава

voninkazo
цветок

lemaka

долина

vohitra

гора

laka

озеро

ala

лес

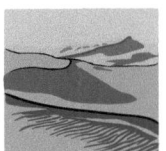

tany hay

пустыня

volkano

вулкан

rova

замок

avana

радуга

holatra

гриб

hazom-boanio

пальма

moka

комар

lalitra

муха

vitsika

муравей

tantely

пчела

hala

паук

voangory

жук

sahona

лягушка

vontsira

белка

trandraka

еж

bitro

заяц

vorondolo

сова

vorona

птица

gisabe

лебедь

lambo

кабан

cerf

олень

voalavo

лось

toha-drano

плотина

helisy ahodin-drivotra

ветряной генератор

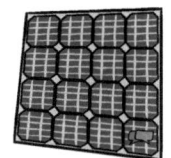

takela-masoandro

солнечная батарея

toetr'andro

климат

toeram-pisakafoanana

ресторан

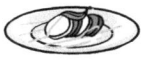

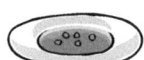

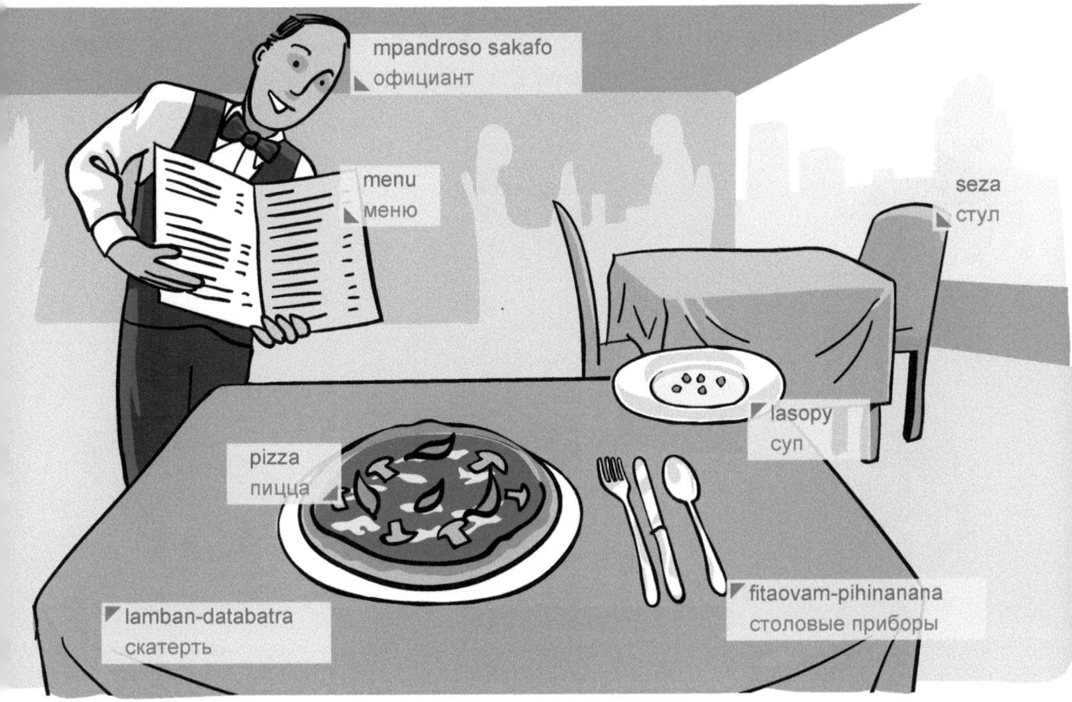
mpandroso sakafo
официант
menu
меню
seza
стул
lasopy
суп
pizza
пицца
fitaovam-pihinanana
столовые приборы
lamban-databatra
скатерть

entrée
закуска

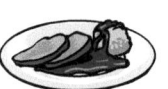

sakafo fototra
главное блюдо

desera
десерт

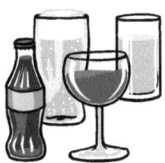

zava-pisotro
напитки

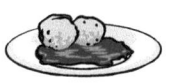

sakafo
еда

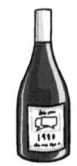

tavoahangy
бутылка

fast food

фастфуд

sakafo an-dalambe

уличная еда

fitoerana dite

чайник

fitoeran-tsiramamy

сахарница

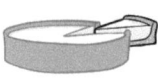

singany

порция

milina espresso

кофеварка

seza avo

детский стульчик

faktiora

счет

lovia fandrosoana sakafo

поднос

antsy

нож

sotrorovitra

вилка

sotro

ложка

sotrokely

чайная ложка

servieta

салфетка

vera

стакан

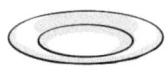

vilia

тарелка

vilian-dasopy

суповая тарелка

vilia bory

блюдце

saosy

соус

fitoeran-tsira

солонка

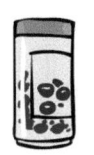

milina dipoavatra

мельница для перца

vinaingitra

уксус

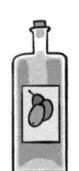

solika

масло

zava-manitra

специи

ketchup

кетчуп

voan-tsinapy

горчица

maionezy

майонез

supermarché

супермаркет

fihenam-bidy
специальное предложение
FOR
mpividy
покупатель
sakafo avy amin'ny ronono
молочные продукты
voankazo
фрукты
chariot
тележка для покупок

BUTCHERS

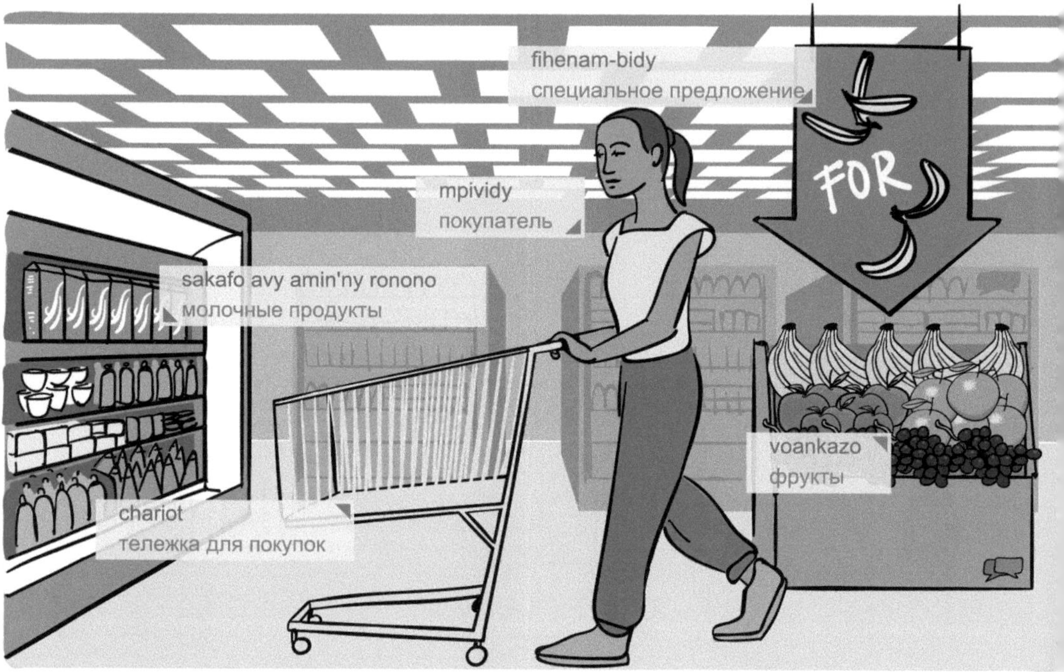

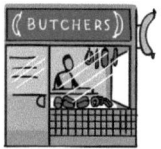

mpivaro-kena

мясной магазин

BAKERY

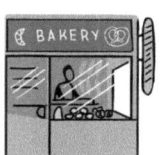

mpivarotra mofo

пекарня

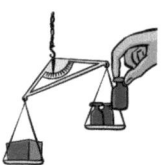

mandanja

взвешивать

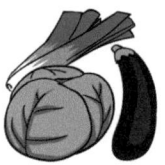

legioma

овощи

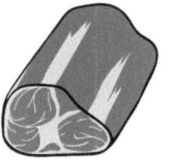

hena

мясо

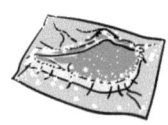

sakafo nampangatsiahana

быстрозамороженные продукты

hena voahendy

нарезка

sakafo am-by fotsy

консервы

vovon-tsavony

стиральный порошок

vatomamy

сладости

fitaovana an-tokatrano

предмет домашнего
обихода

fitaovana fanadiovana

моющее средство

mpivarotra

продавщица

toerana fandoavam-bola

касса

mpandray vola

кассир

lisitry ny zavatra vidiana

список покупок

ora fiasana

время работы

portefeuille

бумажник

fahana amin'ny karatra

кредитная карточка

harona

сумка

harona plastika

полиэтиленовый пакет

напитки

rano

вода

ranom-boankazo

сок

ronono

молоко

coca

кока-кола

divay

вино

labiera

пиво

toaka

алкоголь

sôkôlà mafana

какао

dite

чай

kafe

кофе

espresso

эспрессо

cappuccino

капучино

akondro

банан

paoma

яблоко

laoranjy

апельсин

voatango

арбуз

voasarimakirana

лимон

karaoty

морковь

tongolo gasy

чеснок

volobe

бамбук

tongolo

лук

holatra

гриб

voamaina

орехи

paty

лапша

spaghetti

спагетти

vary

рис

salady

салат

ovy frity

картофель фри

ovy voaendy

жареный картофель

pizza

пицца

hamburger

гамбургер

sandwich

сэндвич

didin-kena

шницель

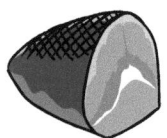

lambo sira

ветчина

salami

салями

saosisy

колбаса

akoho

курица

hena mendy

жаркое

trondro

рыба

varin-tsoavaly

овсяные хлопья

muesli

мюсли

cornflakes

кукурузные хлопья

lafarinina

мука

croissant

круассан

mofodipaina kely

булочка

mofo

хлеб

mofo natono

тост

bisky

печенье

dobera

масло

fromazy fotsy

творог

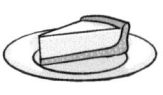

mofomamy

пирог

atody

яйцо

atody nendasina

яичница

fromazy

сыр

lagilasy

мороженое

siramamy

сахар

tantely

мёд

kaonfitira

мармелад

crème nougat

крем с нугой

curry

карри

toeram-pambolena
ферма

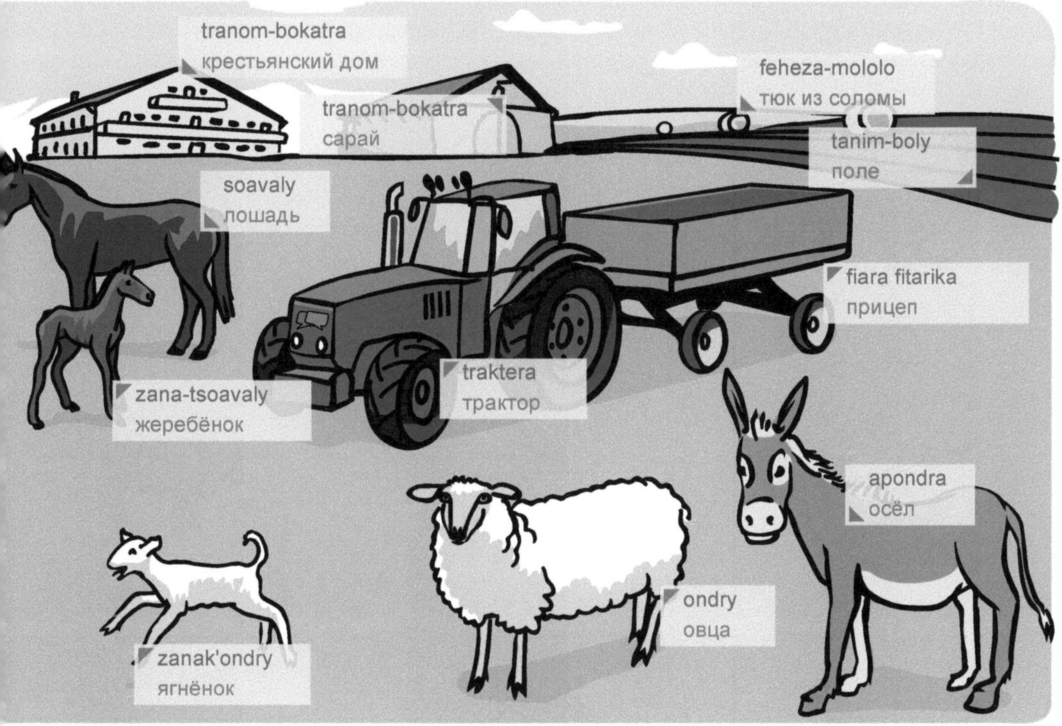

tranom-bokatra
крестьянский дом
tranom-bokatra
сарай
feheza-mololo
тюк из соломы
tanim-boly
поле
soavaly
лошадь
fiara fitarika
прицеп
traktera
трактор
zana-tsoavaly
жеребёнок
apondra
осёл
ondry
овца
zanak'ondry
ягнёнок

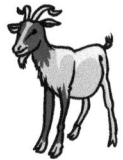

osy
коза

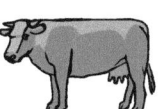

omby vavy
корова

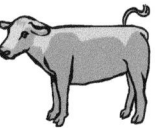

omby
телёнок

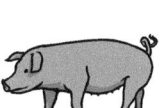

kisoa
свинья

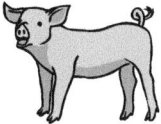

zana-kisoa
поросёнок

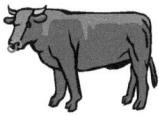

omby
бык

gisa

гусь

gana

утка

zanak'akoho

цыплёнок

akoho vavy

курица

akoho lahy

петух

voalavo

крыса

saka

кошка

voalavo tondro

мышь

omby

вол

alika

собака

tranon'alika

конура

fantsona fanondrahana rano

садовый шланг

fanondrahana

лейка

antsy biloka

коса

angadin'omby

плуг

antsim-bilona

серп

antsetra

мотыга

farango vy

навозные вилы

famaky

топор

borety

тачка

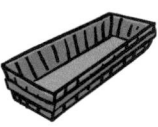

dababe

корыто

boatin-dronono

бидон для молока

harona

мешок

fefy

забор

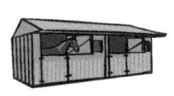

tranom-biby

хлев

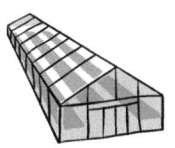

talatalan-jaridaina

теплица

tany

почва

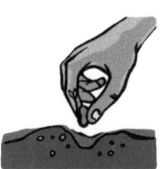

ambeoka

посев

zezika

удобрение

milina mpijinja vokatra

комбайн

vokatra

собирать урожай

vokatra

урожай

saonjo

ямс

varimbazaha

пшеница

saozaha

соя

ovy

картофель

katsaka

кукуруза

colza

рапс

hazo fihinam-boa

фруктовое дерево

mangahazo

маниок

voamadinika

злаки

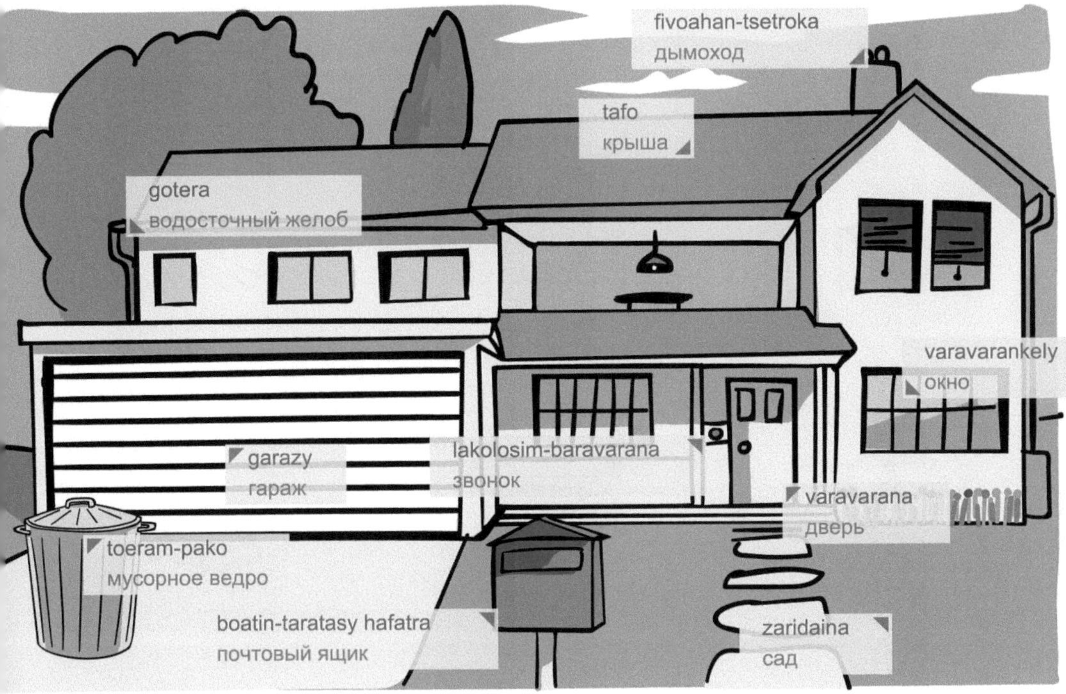

fivoahan-tsetroka
дымоход

tafo
крыша

gotera
водосточный желоб

varavarankely
окно

garazy
гараж

lakolosim-baravarana
звонок

varavarana
дверь

toeram-pako
мусорное ведро

boatin-taratasy hafatra
почтовый ящик

zaridaina
сад

efitra fandraisam-bahiny

гостиная

efitra fandroana

ванная комната

lakozia

кухня

efitra fatoriana

спальня

efitranon'ny ankizy

детская комната

efi-trano fisakafoanana

столовая

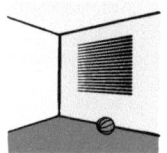

tany

пол

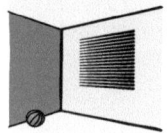

rindrina

стена

valindrihana

потолок

lakavy

подвал

sauna

сауна

tsimahalavo

балкон

lavarangana

терраса

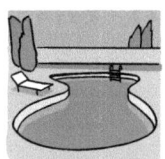

dobo filomanosana

бассейн

mpanapaka bozaka

газонокосилка

lambam-pandriana

пододеяльник

koety

покрывало

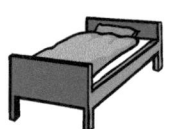

fandriana

кровать

kifafa

метла

sô

ведро

interrupteur

выключатель

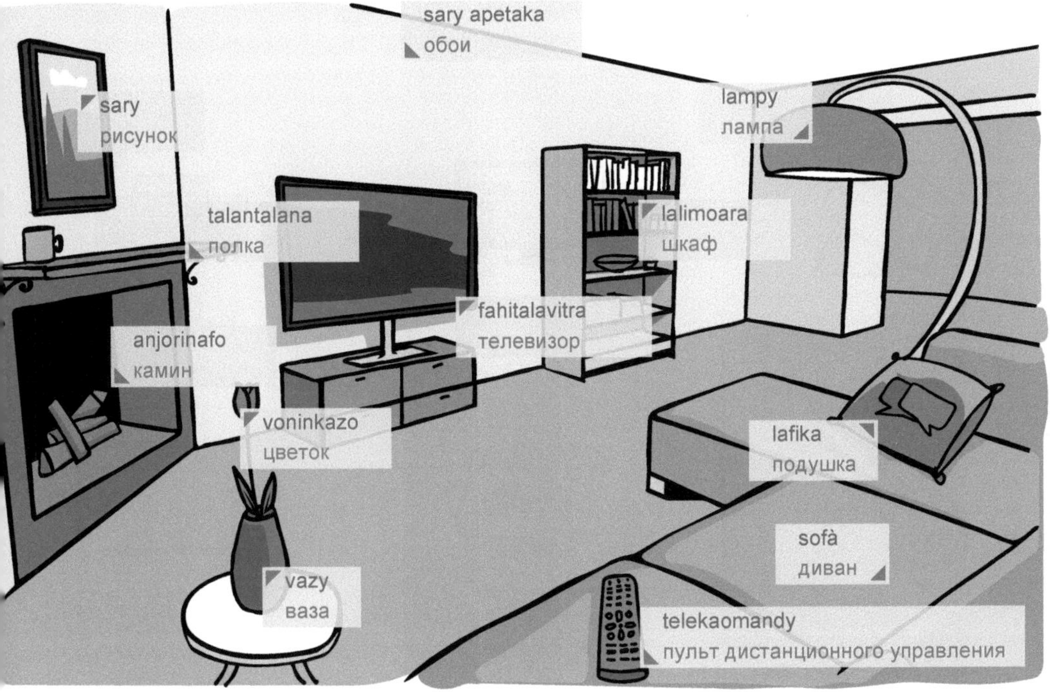

sary apetaka
обои

sary
рисунок

lampy
лампа

talantalana
полка

lalimoara
шкаф

fahitalavitra
телевизор

anjorinafo
камин

voninkazo
цветок

lafika
подушка

sofà
диван

vazy
ваза

telekaomandy
пульт дистанционного управления

tapis
ковёр

takom-baravarana
штора

latabatra
стол

seza
стул

seza savily
кресло-качалка

seza mihaja
кресло

boky

книга

lamba firakotra

покрывало

asa fandravahana

украшение

hazo fandrehitra

дрова

horonantsary

фильм

fitaovana hi-fi

стереосистема

fanalahidy

ключ

gazety

газета

loko

картина

sary famantarana

плакат

radio

радио

kahie fanao tadidy

блокнот

aspiratera

пылесос

raketa

кактус

labozia

свеча

lakozia
кухня

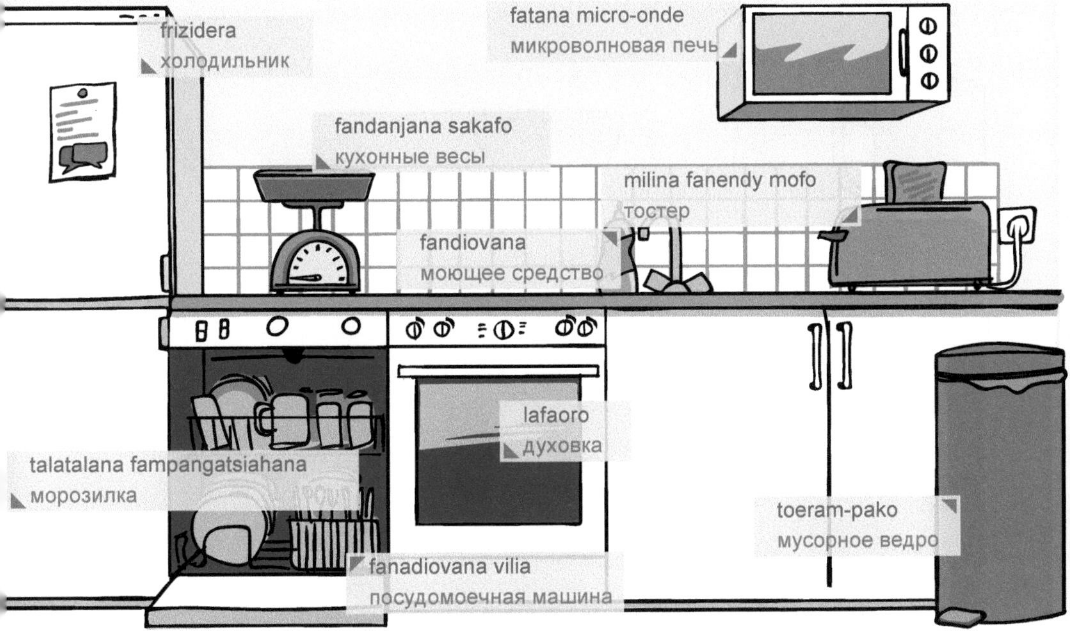
frizidera
холодильник
fatana micro-onde
микроволновая печь
fandanjana sakafo
кухонные весы
milina fanendy mofo
тостер
fandiovana
моющее средство
lafaoro
духовка
talatalana fampangatsiahana
морозилка
toeram-pako
мусорное ведро
fanadiovana vilia
посудомоечная машина

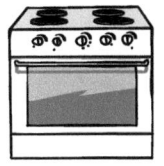

lafaoro

плита

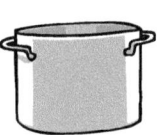

vilany

кастрюля

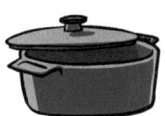

vilany vy

чугунный котелок

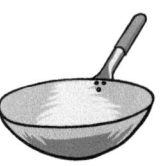

wok / kadai

вок / кадай

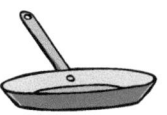

lapoaly

сковорода

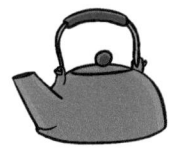

fitaovana fampangotrahana rano

чайник

vilany mandeha entona

пароварка

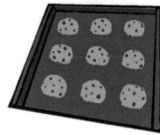

lovia fisaka

противень

fitaovan-dakozia

посуда

zinga

кружка

vilia baolina

миска

hazokely fihinanana

палочки для еды

sotrobe lavatango

половник

spatule

лопатка

fanakapohana atody

сбивалка

fanatantavanana

сито

lovia sivana

сито

fanakikisana

тёрка

laona

ступка

kiendiendy

гриль

fivoahan'ny setroka

костёр

akalana fitetehana

доска

kodia fandamàna koba

скалка

fisontonana bosoa

штопор

boaty

жестяная банка

fanokafana boaty

консервный нож

fitazomana vilany

прихватка

lavabô

раковина

borosy

щетка

spaonjy

губка

miksera

миксер

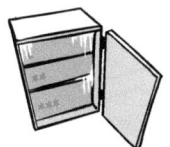

fitaovana fampangatsiahana

морозильная камера

tavoahanginono

бутылочка для кормления

paompy

кран

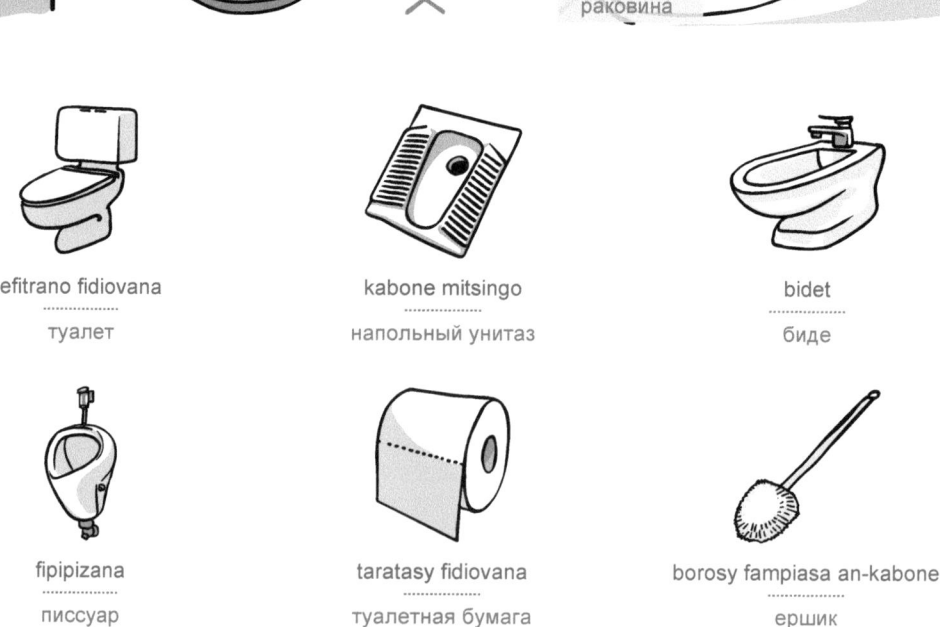

efitra fandroana

ванная комната

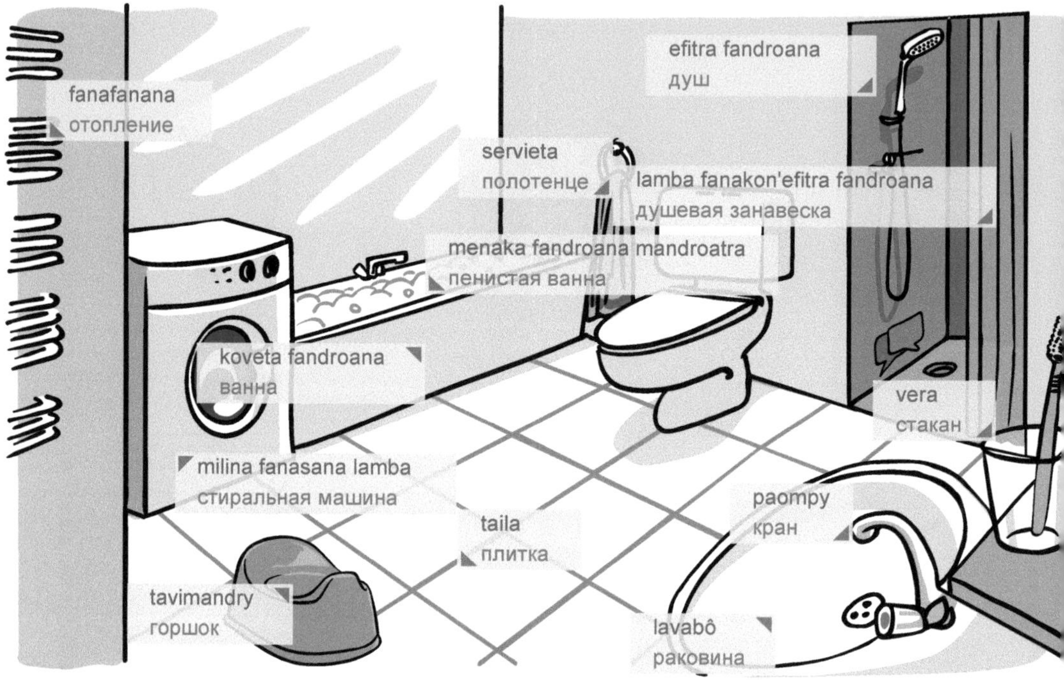

efitra fandroana
душ
fanafanana
отопление
servieta
полотенце
lamba fanakon'efitra fandroana
душевая занавеска
menaka fandroana mandroatra
пенистая ванна
koveta fandroana
ванна
vera
стакан
milina fanasana lamba
стиральная машина
paompy
кран
taila
плитка
tavimandry
горшок
lavabô
раковина

efitrano fidiovana

туалет

kabone mitsingo

напольный унитаз

bidet

биде

fipipizana

писсуар

taratasy fidiovana

туалетная бумага

borosy fampiasa an-kabone

ершик

borosinify

зубная щетка

famotsia-nify

зубная паста

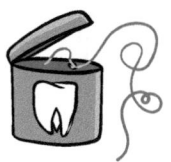

kofehy fanadiova-nify

зубная нить

manasa

мыть

fisaika enti-tànana

ручной душ

fanadiovana fivaviana

интимный душ

kovetabe

таз

borosin-damosina

щетка для спины

savony

мыло

el fampiasa rehefa misaika

гель для душа

shampoo

шампунь

fonon-tànana enti-misaika

мочалка

tsiranoka

сток

crème fanosotra

крем

fanalana fofona

дезодорант

fitaratra

зеркало

fitaratra fihaingo

ручное зеркало

hareza

бритва

raotra fiharatra

пена для бритья

menaka haratra

лосьон после бритья

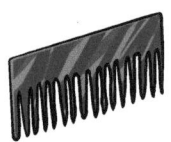

fiogo

расческа

borosy

щетка

fitaovana fanamainam-bolo

фен

atsifotra amin'ny volo

лак для волос

fikarakarana tarehy

косметика

lokomena

губная помада

haingo hoho

лак для ногтей

vohavohan-dandihazo

вата

fanapahana hoho

маникюрные ножницы

ranomanitra

духи

fitoerana fitaovana an-kabone
косметичка

sezabory
табуретка

fandanjana olona
весы

akanjo enti-matory
халат

fonon-tànana enti-manadio
резиновые перчатки

servieta fanary
тампон

lamba fampiasa amin'ny fadimbolana
гигиеническая прокладка

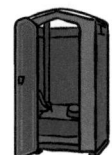

kabone simika
биотуалет

efitranon'ny ankizy

детская комната

famohamandry
будильник
saribakoly
мягкая игрушка
fiara kilalao
игрушечный автомобиль
korintsana
погремушка
tranon-tsaribakoly
кукольный домик
fanomezana
подарок

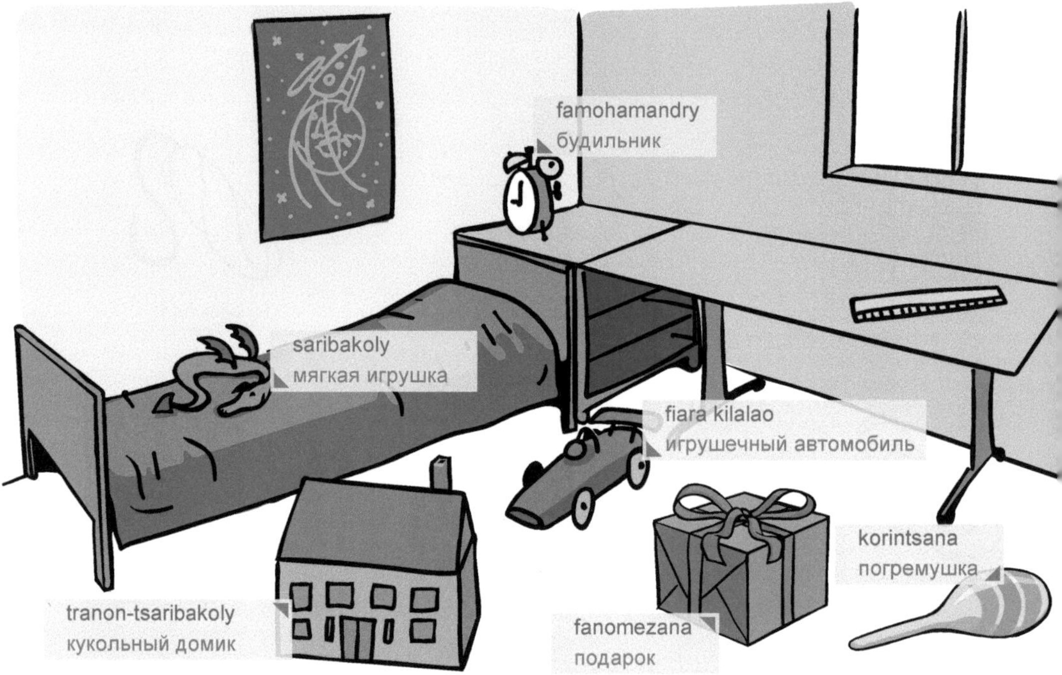

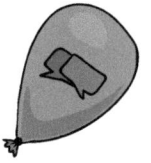

balaonina

воздушный шар

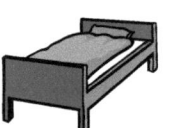

fandriana

кровать

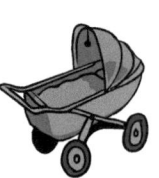

posety

детская коляска

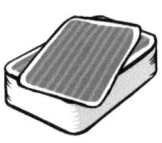

lalao karatra

карточная игра

puzzle

пазл

SUPER
MEGA

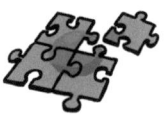

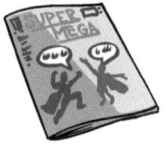

sariitatra

комикс

lalao legô

кирпичики Лего

kilalao fananganana trano

кубики

sarivongana kely

игрушечная фигурка

grenera

ползунки

Frisbee

фрисби

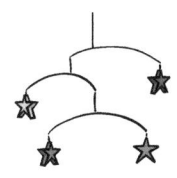

mobile

мобиле

jeu de société

настольная игра

kodiakely

кубик

lamasinina kely

модель железной дороги

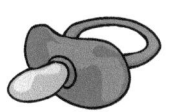

solonono

соска

fety

вечеринка

boky feno sary

книга с картинками

baolina

мяч

saribakoly

кукла

milalao

играть

kovetam-pasika

песочница

savily

качели

kilalao

игрушка

kilalao video

игровая приставка

tricycle

трёхколесный велосипед

teddy orsa

плюшевый медвежонок

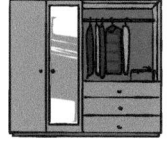

fitoeran'akanjo

шкаф для одежды

akanjo

одежда

bà kiraro

носки

bàn-tongotra

чулки

akanjo manara-batana

колготки

foloara
шарф

fehin-kibo
ремень

elo
зонтик

t-shirt
футболка

kiraro tenisy
кроссовки

baoty
сапоги

kapa fitondra an-tran
тапки

kapa
....
сандалии

kiraro
....
ботинки

baoty fingotra
....
резиновые сапоги

atinakanjo
....
трусы

tatinono
....
бюстгальтер

akanjo feno
....
майка

akanjo - одежда

45

vatana

боди

pataloha

брюки

jean

джинсы

zipo

юбка

akanjo ambony

блузка

lobaka

рубашка

pull

свитер

akanjo sarotro

свитер

palitao

спортивная куртка

palitao

жакет

palitao

пальто

akanjo aro-orana

плащ

akanjo fianjaika

костюм

fitafim-behivavy

платье

akanjon'ny ampakarina

свадебное платье

akanjo fianjaika

мужской костюм

akanjo-mandry

ночная сорочка

pijamà

пижама

sari

сари

sarondoha

платок

turban

тюрбан

burqa

паранджа

kaftan

кафтан

abaya

абайя

akanjo fitondra milomano

купальник

akanjo fitondra milomano

плавки

pataloha fohy

шорты

akanjo fitena

спортивный костюм

tablie

фартук

fonon-tànana

перчатки

bokotra

пуговица

solomaso

очки

brasele

браслет

rojo

цепочка

peratra

кольцо

kavina

серьга

satroka

шапка

fanantonana palitao

вешалка

satroka

шляпа

fehivozo

галстук

hidikorisa

застежка молния

aroloha

шлем

beritelo

подтяжки

fanamian'ny mpianatra

школьная форма

fanamiana

форма

bavoara

детский нагрудник

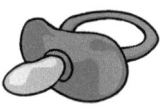

solonono

соска

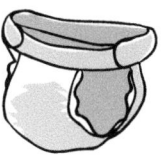

taty

подгузник

birao

офис

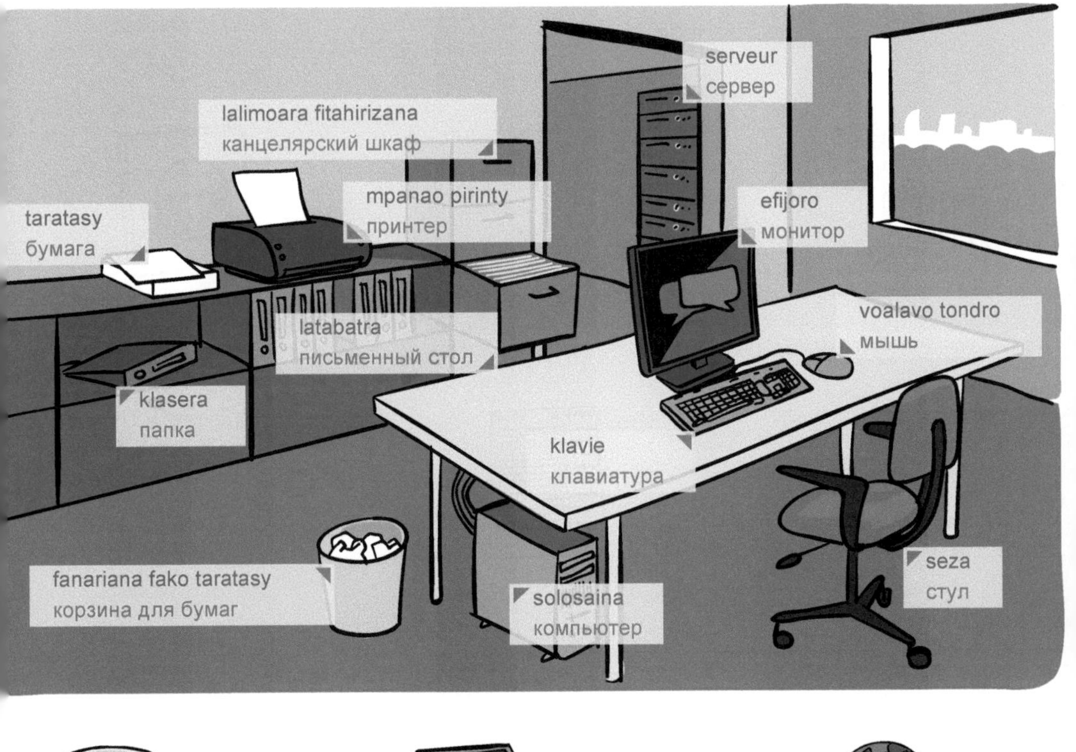

lalimoara fitahirizana
канцелярский шкаф

serveur
сервер

mpanao pirinty
принтер

efijoro
монитор

taratasy
бумага

latabatra
письменный стол

voalavo tondro
мышь

klasera
папка

klavie
клавиатура

fanariana fako taratasy
корзина для бумаг

solosaina
компьютер

seza
стул

kaopin-kafe

кофейная кружка

mpikajy

калькулятор

aterineto

интернет

solosaina maivana

ноутбук

taratasy

письмо

hafatra

сообщение

mobile

мобильный телефон

tambajotra

сеть

imprimante

ксерокс

rindrambaiko

программа

finday

телефон

prizy

розетка

fax

факс

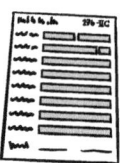

efitra fenoina

формуляр

fehezan-taratasy

документ

mividy

покупать

mandoa vola

платить

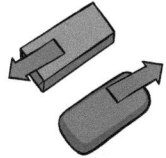

misera

торговать

vola

деньги

dôlara

доллар

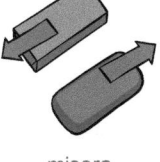

euro

евро

yen

иена

rouble

рубль

Franc suisse

франк

renminbi yuan

жэньминьби юань

roupie

рупия

fangalàna vola

банкомат

toerana fanakalozana vola

пункт обмена валюты

volamena

золото

volafotsy

серебро

solika

нефть

angovo

энергия

vidiny

цена

fifanekena

договор

hetra

налог

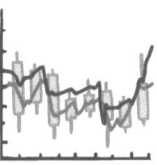

action borsa

акция

miasa

работать

mpiasa

служащий

mpampiasa

работодатель

orinasa

фабрика

fivarotana

магазин

mpitandro filaminana
милиционер

mpamonjy voina
пожарный

mahandro
повар

dokotera
врач

mpanamory
пилот

mpikarakara zaridaina

садовник

mpandrafitra

столяр

vehivavy mpanjaitra

швея

mpitsara

судья

mpahay simia

химик

mpilalao sarimihetsika

актёр

mpamily fiara fitateram-
bahoaka

водитель автобуса

mpamily fiarakaretsaka

таксист

mpanjono

рыбак

vehivavy mpanadio

уборщица

mpanao tafo

кровельщик

mpandroso sakafo

официант

mpihaza

охотник

mpandoko

художник

mpanao mofo

пекарь

elektrisianina

электрик

mpanao trano

строитель

injeniera

инженер

mivaro-kena

мясник

plombier

сантехник

faktera

почтальон

miaramila

солдат

mpanao mari-trano

архитектор

mpandray vola

кассир

mpivarotra voninkazo

флорист

mpanao volo

парикмахер

mpizara tapakila

кондуктор

mpahay mekanika

механик

kapiteny

капитан

mpitsabo nify

зубной врач

siantifika

ученый

raby

раввин

imam

имам

moanina

монах

pretra

священник

fitaovana

инструменты

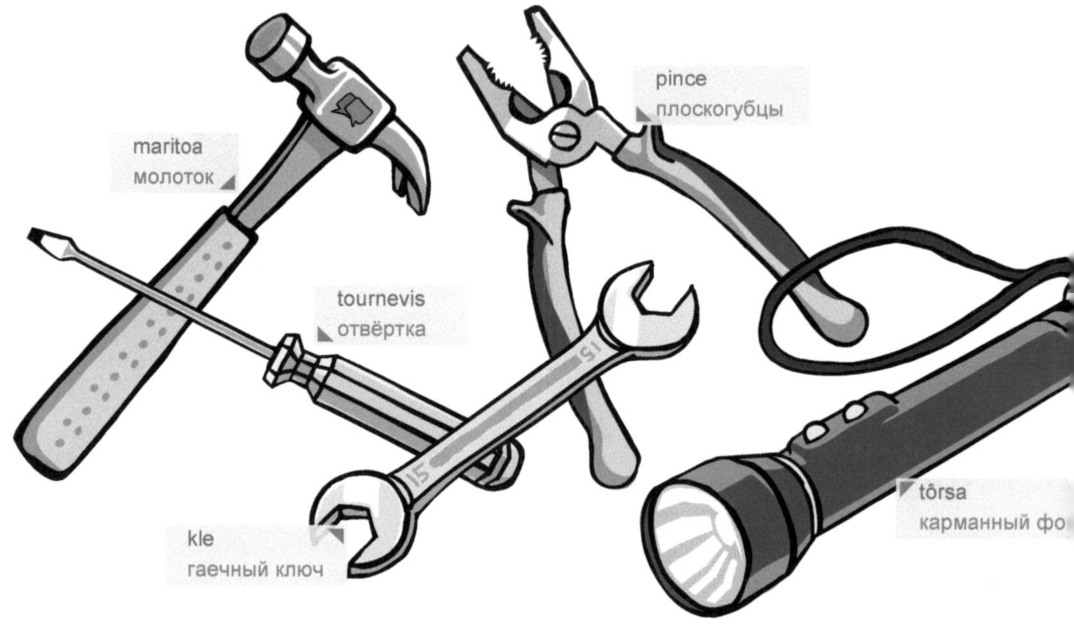

maritoa
молоток
pince
плоскогубцы
tournevis
отвёртка
kle
гаечный ключ
tôrsa
карманный фо

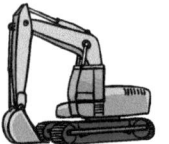

pelleteuse

экскаватор

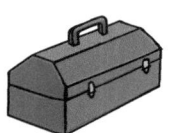

boaty fanisy fitaovana

ящик для инструментов

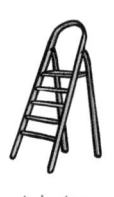

tohatra

стремянка

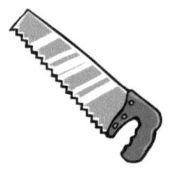

tsofa

пила

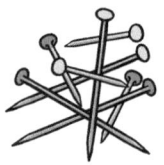

fantsika

гвозди

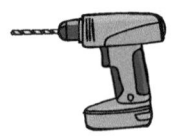

perceuse

дрель

manarina
....

ремонтировать

lapela
....

лопата

Куy!
....

Блин!

angadim-pako
....

совок

boatin-doko
....

ведро с краской

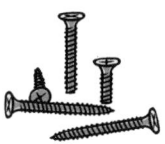

visy
....

винты

zava-maneno
музыкальные инструменты

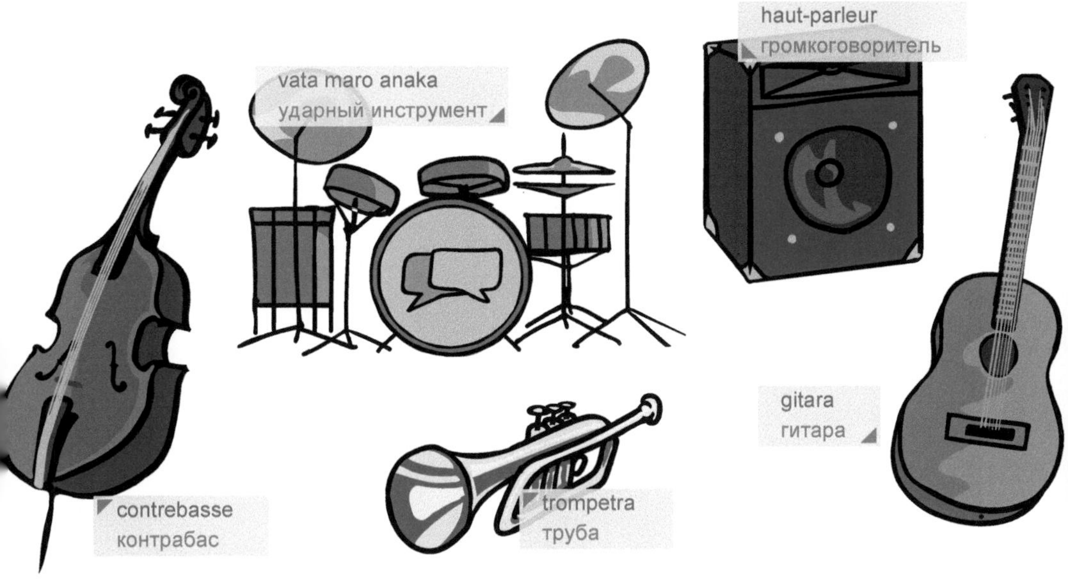

haut-parleur
громкоговоритель

vata maro anaka
ударный инструмент

gitara
гитара

contrebasse
контрабас

trompetra
труба

vata maro afitsoka

пианино

lokanga

скрипка

basse

бас-гитара

amponga timpani

литавры

aponga

барабан

klavie

синтезатор

saksa

саксофон

sodina

флейта

mikrao

микрофон

fidirana
вход

tigra
тигр

tranon-gadra
клетка

zebra
зебра

sakafom-biby
корм

pandà
панда

biby

животные

elefanta

слон

kangoroa

кенгуру

rinôserôsy

носорог

gôrila

горилла

orsa

медведь

rameva

верблюд

aotrisy

страус

liona

лев

rajako

обезьяна

sama

фламинго

boloky

попугай

orsa polera

белый медведь

pengoa

пингвин

atsantsa

акула

vorombola

павлин

bibilava

змея

voay

крокодил

mpiandry valan-javaboary

служитель зоопарка

fôko

тюлень

jagoara

ягуар

poney

пони

leopara

леопард

hipôpôtamo

бегемот

zirafa

жираф

voromahery

орёл

lambo

кабан

trondro

рыба

sokatra

черепаха

môrsa

морж

renard

лиса

gazely

газель

Football amerikana
американский футбол

hazakazaka am-bisikileta
езда на велосипеде

tennis
теннис

baskety
баскетбол

lomano
плавание

hockey an-dranomandry
хоккей

boxe
бокс

baolina kitra
футбол

badminton
бадминтон

atletisma
лёгкая атлетика

handball
гандбол

ski
лыжный спорт

polo
поло

tsambikina
ыгать

mihomehy
смеяться

mamihina
обнимать

mihira
петь

mandeha
идти

manonofy
мечтать

mivavaka
молиться

manoroka
целовать

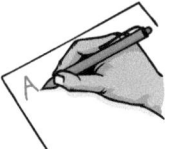

manoratra

писать

manao sary

рисовать

maneho

показывать

manosika

нажимать

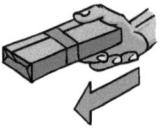

manome

давать

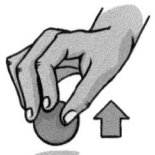

mandray

брать

manana

иметь

manao

делать

mizovy

быть

mijoro

стоять

mihazakazaka

бежать

misintona

тянуть

manary

бросать

lavo

падать

mandry

лежать

miandry

ждать

mitondra

носить

mipetraka

сидеть

miakanjo

надевать

matory

спать

mifoha

просыпаться

mijery

рассматривать

mitomany

плакать

fahatapahan'ny lalan-dra

гладить

fiogo

причесывать

miresaka

говорить

mahay

понимать

milaza

спрашивать

mihaino

слушать

misotro

пить

mihinana

кушать

mandamina

наводить порядок

mitia

любить

mahandro

готовить

mamily

ехать

lalitra

летать

miandriaka

ходить под парусом

mikajy

считать

mamaky

читать

mianatra

учиться

miasa

работать

mivady

вступать в брак

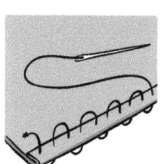

manjaitra

шить

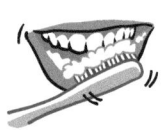

miborosy nify

чистить зубы

mamono

убивать

mifoka

курить

mandefa

отправлять

renibe
бабушка

dadabe
дедушка

ray
папа

reny
мама

zaza
младенец

zanaka vavy
дочь

zanaka lahy
сын

vahiny

гость

nenitoa

тетя

dadatoa

дядя

rahalahy

брат

rahavavy

сестра

vatana

тело

handrina
лоб
maso
глаз
soroka
плечо
rantsan-tànana
палец
tarehy
лицо
saoka
подбородок
tànana
кисть
nono
грудь
ranjo
нога
sandry
рука

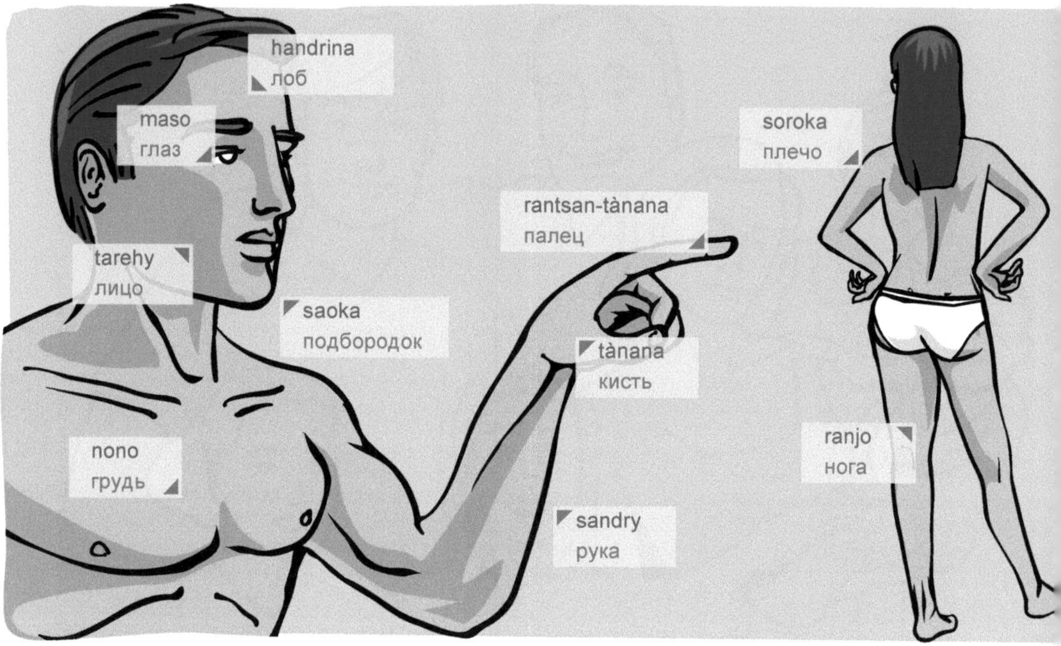

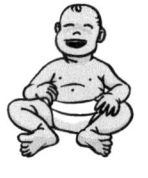

zaza
младенец

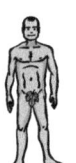

lehilahy
мужчина

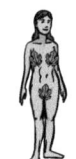

vehivavy
женщина

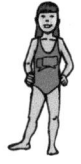

vavy
девочка

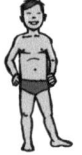

lahy
мальчик

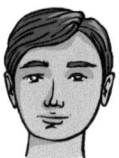

loha
голова

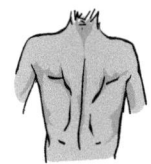

lamosina

спина

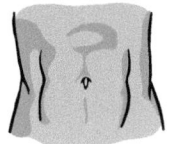

kibo

живот

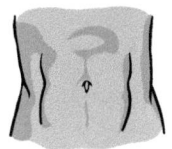

foitra

пупок

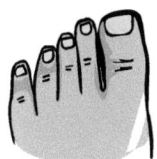

rantsan-tongotra

палец ноги

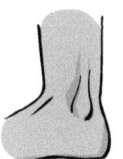

voditongotra

пятка

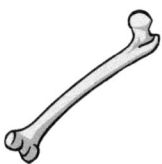

taolana

кость

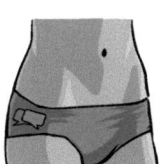

valahana

бедро

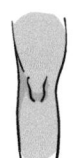

lohalika

колено

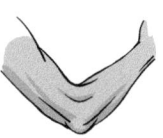

kiho

локоть

orona

нос

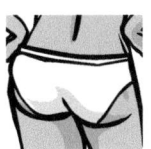

vody

ягодицы

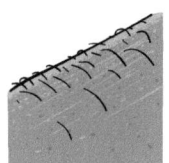

hoditra

кожа

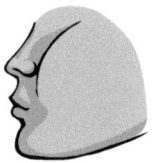

takolaka

щека

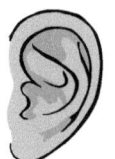

sofina

ухо

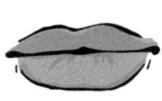

molotra

губа

vava

рот

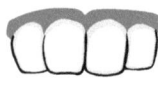

nify

зуб

lela

язык

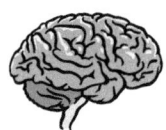

saina

мозг

fo

сердце

ozatra

мышца

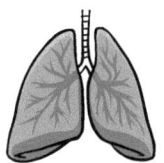

havokavoka

лёгкое

aty

печень

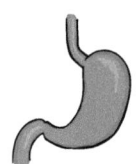

vavony

желудок

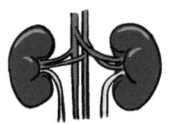

voa

почки

firaisana ara-nofo

половой акт

fimailo

презерватив

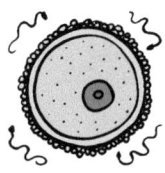

tsirivavy

яйцеклетка

ranonaina

сперма

vohoka

беременность

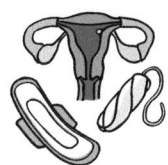

fadimbolana

менструация

fivaviana

вагина

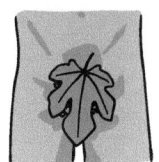

filahiana

пенис

volomaso

бровь

volo

волосы

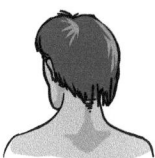

tenda

шея

hopitaly
больница

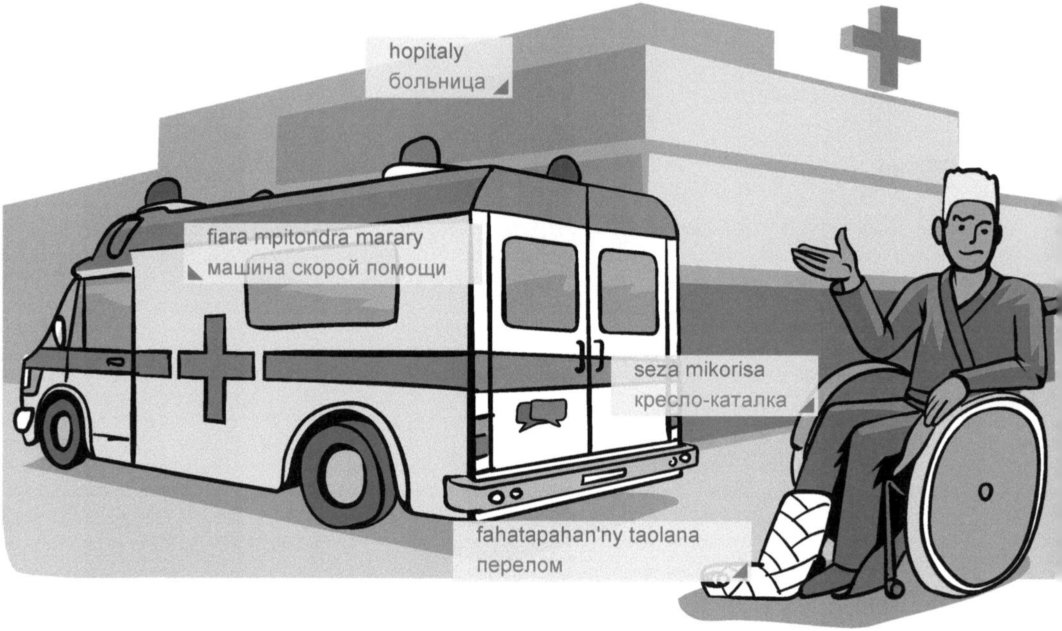

hopitaly
больница
fiara mpitondra marary
машина скорой помощи
seza mikorisa
кресло-каталка
fahatapahan'ny taolana
перелом

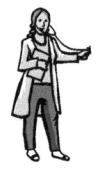

dokotera

врач

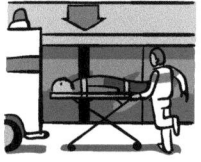

efitra vonjy taitra

пункт первой помощи

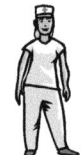

mpitsabo mpanampy

медсестра

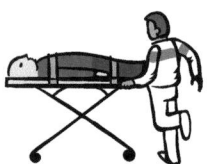

vonjy taitra

неотложный случай

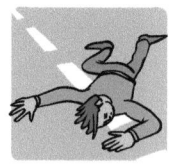

tsy mahatsiaro tena

без сознания

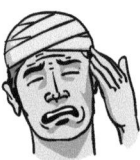

fanaintainana

боль

faharatràna

повреждение

mandeha rà

кровотечение

aretim-po

инфаркт

fahatapahan'ny lalan-dra

инсульт

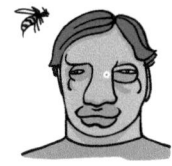

tsy fahazakana sakafo

аллергия

kohaka

кашель

tazo

повышенная температура

gripa

грипп

fivalanana

понос

aretin'an-doha

головная боль

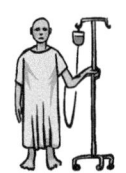

homamiadana

рак

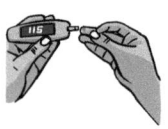

diabeta

диабет

dokotera mpandidy

хирург

antsy fandidiana

скальпель

fandidiana

операция

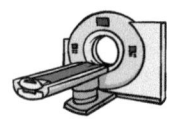

TC
КТ

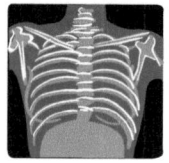

taratra X
рентген

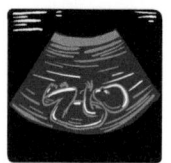

ekôgrafia
ультразвук

saron-tava
маска

aretina
болезнь

efitrano fiandrasana
приёмная

tehina
костыль

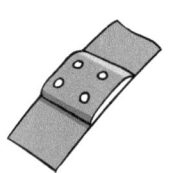

taha fery
пластырь

bandy
бинт

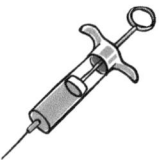

tsindrona
укол

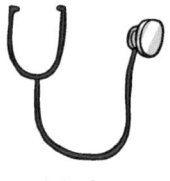

stetoskopy
стетоскоп

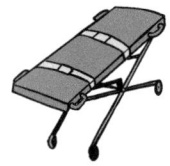

filanjana marary
носилки

fitaovana fitsapana
hafanana
термометр

fahaterahana
рождение

hatavezana tafahoatra
избыточный вес

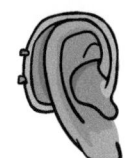

fitaovana fandrenesana

слуховой аппарат

famonoana mikraoba

дезинфекционное
средство

fifindràna aretina

инфекция

viriosy

вирус

VIH / SIDA

ВИЧ / СПИД

fitsaboana

лекарство

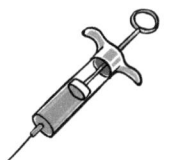

vaksiny

прививка

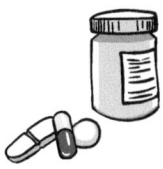

pilina

таблетки

pilina

противозачаточная
таблетка

antso vonjy taitra

экстренный вызов

fitaovana fitsapana tosi-drà

прибор для измерения
кровяного давления

marary / salama

больной / здоровый

Vonjeo!

Помогите!

antso fanairana

сигнал тревоги

herisetra

нападение

vono

атака

loza

опасность

fivoahana raha misy loza

запасной выход

Afo!

Пожар!

fitaovam-pamonoana afo

огнетушитель

loza

несчастный случай

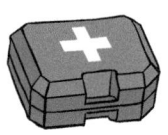

fitaovam-pitsaboana
vonjimaika

аптечка

SOS

SOS

pôlisy

милиция

Eoropa

Европа

Amerika avaratra

Северная Америка

Amerika atsimo

Южная Америка

Afrika

Африка

Azia

Азия

Aostralia

Австралия

Atlantika

Атлантический океан

Pasifika

Тихий океан

Ranomasimbe Indiana

Индийский океан

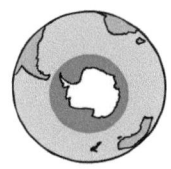

Oseana Antarktika

Антарктический океан

Oseana Arktika

Северный Ледовитый
океан

Tendrotany avaratra

Северный полюс

Tendrotany atsimo

Южный полюс

Antarktika

Антарктика

tany

земля

tany

суша

ranomasina

море

nosy

остров

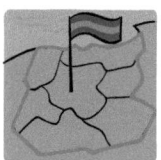

tanindrazana

нация

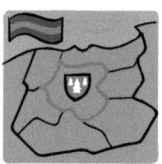

firenena

государство

tany - земля

lavam-pamantaranandro

циферблат

tondro ora

часовая стрелка

tondro minitra

минутная стрелка

tondro segondra

секундная стрелка

Amin'ny firy izao?

Который час?

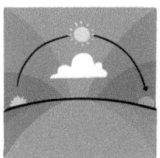

andro

день

fotoana

время

izao

сейчас

famantaranandro niomerika

электронные часы

minitra

минута

ora

час

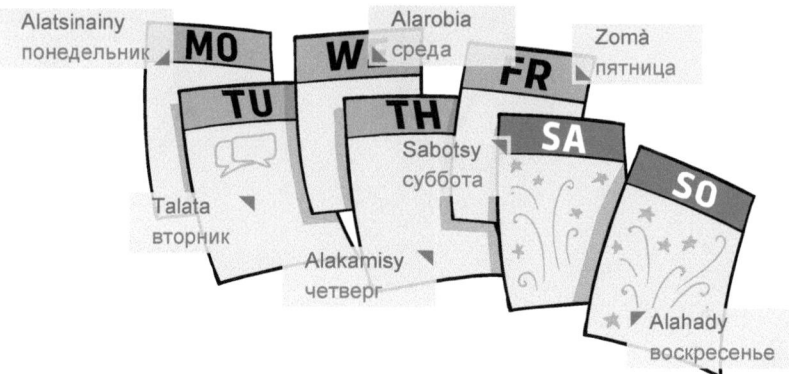

Alatsinainy понедельник — MO

TU

Talata вторник

W Alarobia среда

TH

Sabotsy суббота

Alakamisy четверг

FR Zomà пятница

SA

SO

Alahady воскресенье

omaly

вчера

androany

сегодня

ampitso

завтра

maraina

утро

atoandro

полдень

hariva

вечер

adro fiasàna

рабочие дни

faran'ny herinandro

выходные

orana
дождь

avana
радуга

rivotra
ветер

ranomandry
снег

lohataona
весна

fararano
осень

vanin-taona maina
лето

ririnina
зима

4.APRIL	11°	☀
5.APRIL	4°	🌧
6.APRIL	13°	⛈
7.APRIL	8°	❄
8.APRIL	10°	☀

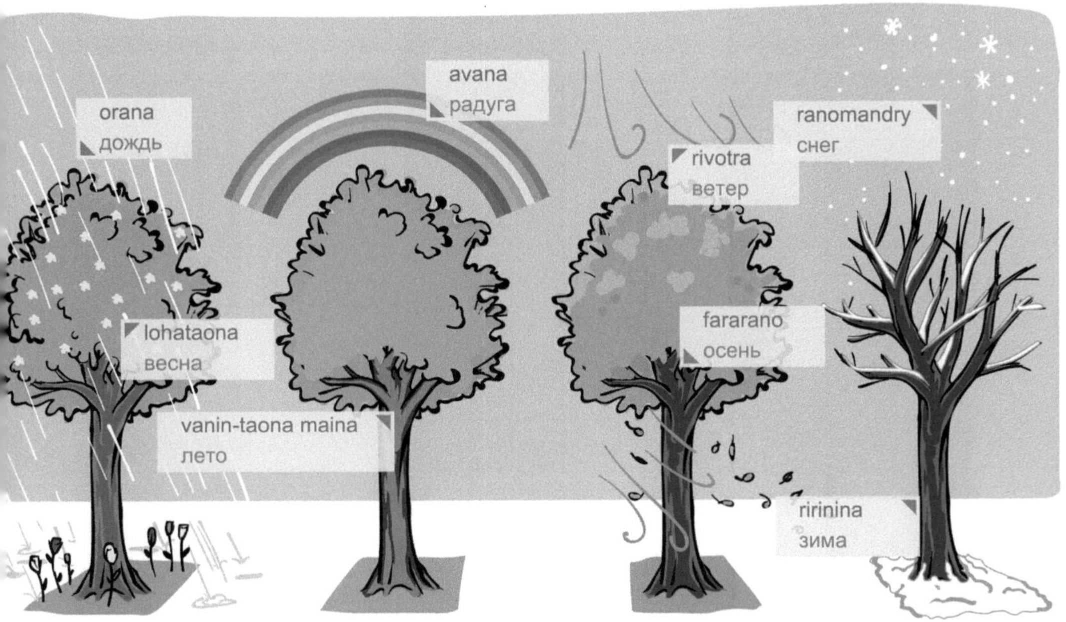

vinavina ara-toetrandro

прогноз погоды

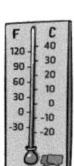

thermomètre

термометр

tara-masoandro

солнечный свет

rahona

туча

zavona

туман

hamandoana

влажность воздуха

tselatra

молния

kotroka

гром

tafio-drivotra

буря

havandra

град

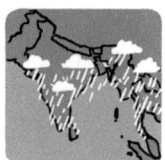

fahavaratra

муссон

tondra-drano

наводнение

vaingan-drano

лёд

Janoary

январь

Febroary

февраль

Martsa

март

Avrila

апрель

Mey

май

Jiona

июнь

Jolay

июль

Aogositra

август

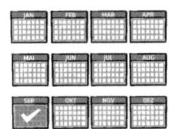

Septambra

сентябрь

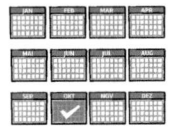

Oktobra

октябрь

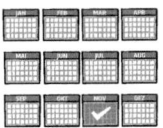

Novambra

ноябрь

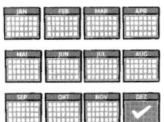

Desambra

декабрь

endrika

формы

boribory

круг

efamira

квадрат

efajoro

прямоугольник

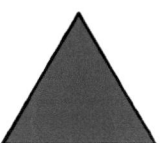

telozoro

треугольник

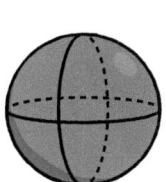

bola

шар

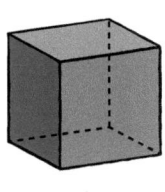

goba

куб

fotsy

белый

mavo

желтый

laoranjy

оранжевый

mavokely

розовый

mena

красный

voloparasy

лиловый

manga

синий

maitso

зелёный

volotany

коричневый

volondavenona

серый

mainty

черный

betsaka / vitsy

много / мало

tezitra / tony

яростный / мирный

tsara / ratsy

красивый / уродливый

fiandohana / fiafarana

начало / конец

lehibe / kely

большой / маленький

mazava / maloka

светлый / темный

rahalahy / rahavavy

брат / сестра

madio / maloto

чистый / грязный

feno / banga

полный / неполный

andro / alina

день / ночь

maty / velona

мёртвый / живой

malalaka / tery

широкий / узкий

azo hanina / tsy fihinana

съедобный / несъедобный

tsivalahara / tsara fanahy

злой / дружелюбный

endratra / sorena

взволнованный / скучающий

matavy / mahia

толстый / худой

voalohany / farany

сначала / в конце

mpinamana / mpifahavalo

друг / враг

feno / foana

полный / пустой

mafy / malefaka

твёрдый / мягкий

mavesatra / maivana

тяжёлый / легкий

noana / mangetaheta

голод / жажда

marary / salama

больной / здоровый

tsy ara-dalàna / ara-dalàna

незаконный / законный

mahay / vendrana

умный / глупый

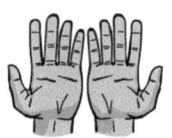

havia / havanana

слева / справа

akaiky / lavitra

близко / далеко

vaovao / tranainy

новый / подержанный

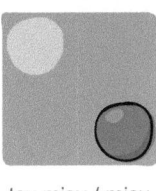

tsy misy / misy

ничто / нечто

antitra / tanora

старый / молодой

mandeha / maty

включено / выключено

mivoha / mihidy

открыто / закрыто

mangina / mitabataba

тихо / громко

manankarena / mahantra

богатый / бедный

marina / diso

правильный /
неправильный

marokoroko / malama

шероховатый / гладкий

malahelo / faly

печальный / счастливый

fohy / lava

короткий / длинный

mora / faingana

медленный / быстрый

mando / maina

мокрый / сухой

mafana / mangatsiaka

тёплый / прохладный

ady / fahalemana

война / мир

0

aotra

ноль

1

iray

один

2

roa

два

3

telo

три

4

efatra

четыре

5

dimy

пять

6

enina

шесть

7

fito

семь

8

valo

восемь

9

sivy

девять

10

folo

десять

11

iraikambinifolo

одиннадцать

12

roambinifolo

двенадцать

13

teloambinifolo

тринадцать

14

efatrambinifolo

четырнадцать

15

dimiambinifolo

пятнадцать

16

eninambinifolo

шестнадцать

17

fitoambinifolo

семнадцать

18

valoambinifolo

восемнадцать

19

siviambinifolo

девятнадцать

20

roapolo

двадцать

100

zato

сто

1.000

arivo

тысяча

1.000.000

tapitrisa

миллион

Anglisy

английский

Anglisy amerikana

американский английский

Fiteny sinoa mandarina

мандаринский китайский

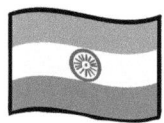

Hindi

хинди

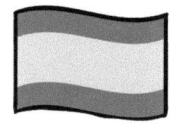

Espaniola

испанский

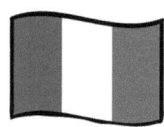

Frantsay

французский

Fiteny arabo

арабский

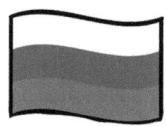

Fiteny rosiana

русский

Portogey

португальский

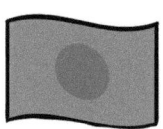

Bengaly

бенгальский

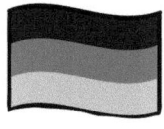

Alemà

немецкий

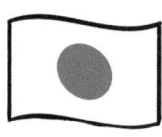

Japoney

японский

izaho

я

ianao

ты

izy / io

он / она / оно

isika

мы

ianao

вы

zareo

они

iza?

кто?

inona?

что?

ahoana?

как?

aiza?

где?

oviana?

когда?

anarana

имя

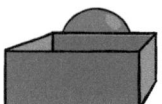

aorina

за

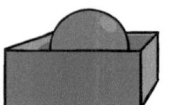

anaty

в

anoloana

перед

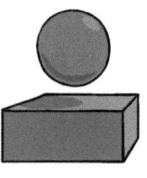

any

над

ambony

на

ambany

под

ankila

рядом

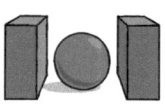

afovoany

между

toerana

место